AF496290

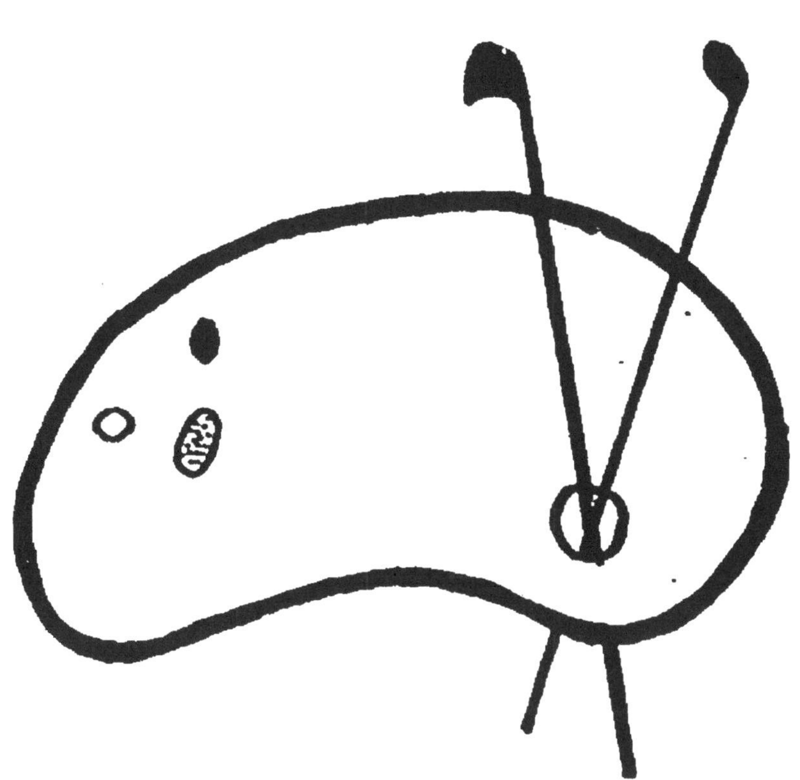

DEBUT D'UNE SERIE DE DOCUMENTS
EN COULEUR

CONFÉRENCES

ANTIESCLAVAGISTES

PAR

M. LEFÈVRE-PONTALIS
MEMBRE DE L'INSTITUT

O³
815

SAINT-CLOUD. — IMPRIMERIE BELIN FRÈRES.

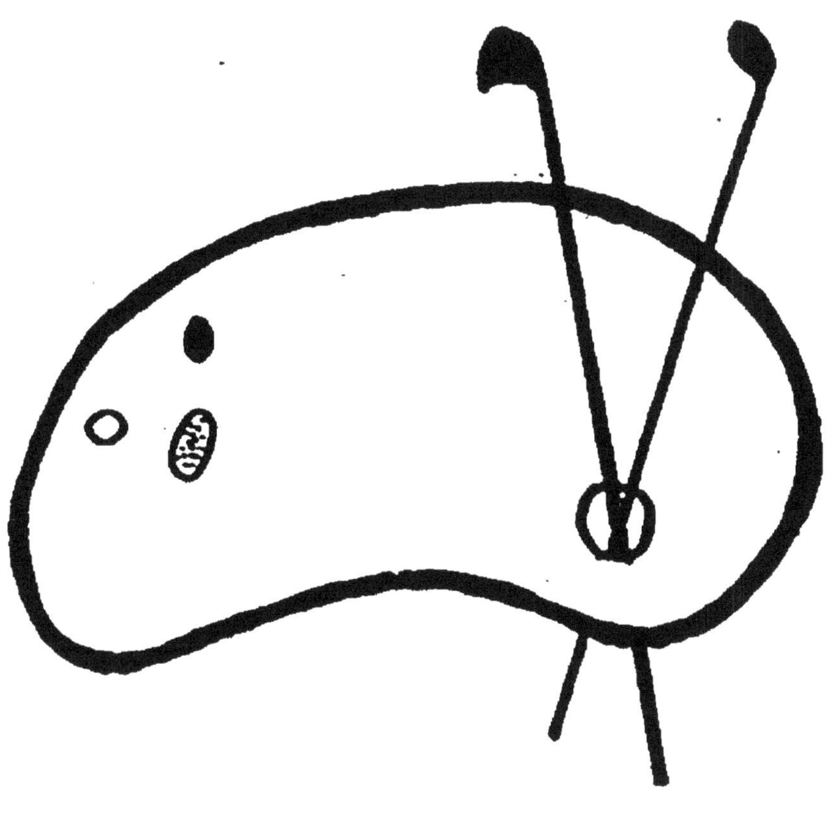

FIN D'UNE SERIE DE DOCUMENTS
EN COULEUR

L'ŒUVRE ANTIESCLAVAGISTE

DISCOURS

PRONONCÉ A NANTES

Au Congrès des Catholiques de l'Ouest

19 novembre 1890

MONSEIGNEUR (1), MESDAMES, MESSIEURS,

Ce que votre Président, mon cher et ancien collègue Cazenove de Pradines, veut bien dire de moi ne me dispenserait pas assurément, pour me ménager votre bon accueil, de ce qu'on peut appeler l'exorde d'insinuation, si j'avais à vous entretenir d'une autre œuvre que celle pour laquelle je dois trouver tout ouvert l'accès de vos cœurs, l'Œuvre antiesclavagiste. N'est-elle pas acclimatée et naturalisée à Nantes, puisque vous en avez un Comité bien organisé, dont le Président est M. le comte Catta qui m'introduit auprès de vous, et dont j'invoque aussi auprès de vous le patronage?

Malgré les difficultés toutes particulières de la tâche que j'ai à remplir aujourd'hui, en venant vous intéresser à l'Œuvre antiesclavagiste et vous demander d'y donner, avec vos sympathies, tout votre concours, je me sens à l'aise, me trouvant dans une assemblée catholique comme la vôtre, où j'ai l'heureuse fortune d'avoir un si nombreux auditoire de dames pour m'écouter.

---

(1) Mgr l'évêque de Nantes.

Je regarde et je salue la croix, et je commence par rappeler que c'est, il y a 1890 ans, avec Jésus-Christ, qu'a commencé l'Œuvre antiesclavagiste pour laquelle le dix-neuvième siècle a déjà beaucoup fait et doit encore tant faire.

Il y a dix-huit siècles que la divine parole dite aux disciples, après la Cène : *Aimez-vous les uns les autres* (1), a retenti dans le monde et est devenue la grande charte d'affranchissement de l'humanité. Au milieu de ses splendeurs et de ses prospérités, l'antiquité ne pouvait se passer de l'esclavage, non seulement pour le travail et la subsistance, mais aussi pour la satisfaction de ses plaisirs, en même temps que pour celle de ses besoins. Qu'était l'esclave dans les temps antiques de la vieille Europe, à Sparte comme à Rome et ailleurs? Ce qu'il est partout où l'esclavage subsiste, un homme livré à la complète merci d'un maître, qu'on vend, qu'on achète, qu'on donne, qu'on échange, qu'on exploite, qu'on enchaîne, qu'on bat, qu'on fouette, qu'on torture et qu'on tue, dont un chevalier romain engraissait les murènes de ses viviers(2), et dont un empereur, Caligula, nourrissait les bêtes du cirque(3) destinées à dévorer les martyrs.

Ceux qu'on traitait ainsi, étaient-ce seulement quelques malheureux? Non, c'étaient des populations entières de captifs, c'étaient des millions de créatures humaines qui dépassaient démesurément la population libre. A Rome, tel Romain avait 1,000, 10,000, 20,000 esclaves, et qui donc parmi nous, même parmi ceux qu'on appelle les grands du monde, peut être sûr de n'avoir pas eu l'un de ces esclaves pour lointain ancêtre? Ce n'est pourtant pas la barbarie, c'est la civilisation qui les avait enchaînés. Ce n'est pas la philosophie antique, malgré tout ce qu'on peut y admirer, qui a fait cesser leur servitude qu'elle n'a jamais cessé de justifier, c'est le christianisme, avec tout ce qu'on doit y bénir, qui a fait tomber leurs chaînes. Il a fallu le christianisme pour leur donner la délivrance, en adoucissant peu à peu et en domptant leurs maîtres, en transformant peu à peu les mœurs et les lois, jusqu'à ce que l'invasion barbare, en faisant expier à la société antique tous les maux de l'esclavage, ait préparé, au milieu des ruines, l'avènement de l'Europe chrétienne délivrée du fléau de la servitude.

---

(1) Saint Jean, xv, 12.
(2) Sén., *De clementia*, I, 18; Pline, *Hist. nat.*, IX, XXXIX, 2.
(3) Suét., *In vita Calig.*, XXVII.

Les siècles passent, et ils se sont quinze fois renouvelés depuis l'ère chrétienne, quand l'Europe prend possession du Nouveau Monde, découvert par le génie ou mieux par la foi de Christophe Colomb. L'Europe ou plutôt l'Espagne commence par en faire sa proie, en même temps que sa conquête. Elle y asservit la race indienne jusqu'à ce qu'on l'ait exterminée, et, pour la remplacer, la traite, dont l'Angleterre a la première purgé les mers et que l'Europe a fini si tardivement par interdire dans les Congrès de 1815 et de 1822, la hideuse traite qu'on a si bien appelée le crime de lèse-humanité, va demander à l'Afrique une nouvelle race d'esclaves, en refaisant de la race noire celle des Ilotes de l'antiquité. La grande métropole de l'esclavage, où l'esclavage semblait le plus inexpugnable parce qu'il paraissait inséparablement lié à la richesse et à la prospérité du pays, c'étaient, aux États-Unis, les États du Sud. L'esclavage y a sévi dans son implacable cruauté, en rappelant par les traitements faits aux noirs les plus honteuses et les plus féroces atrocités de la Rome païenne.

Eh bien! de même que contre l'esclavage de l'empire romain s'était dressé ce qu'il y avait de plus méprisé et de plus honni, la croix, devenue avec celle du Christ l'instrument de salut de l'humanité, de même contre l'esclavage américain des États du Sud s'est élevé ce qu'il y a en apparence de plus faible, mais aussi de plus pénétrant, Mesdames, la voix d'une femme. Reprenant l'œuvre généreuse commencée en Angleterre par les abolitionnistes, en tête desquels l'humanité reconnaissante saluera Wilberforce, le digne prédécesseur de Livingstone, une femme, Mme Beecher Stowe, jette le cri d'anathème à ce que les États du Sud osaient bien appeler l'Institution nationale, en donnant au dix-neuvième siècle *la Case de l'oncle Tom*.

La Case de l'oncle Tom a été écrite pour démontrer que les mêmes affections qui arrachaient les larmes de la femme blanche brisaient le cœur de la négresse. Elisa éclata en sanglots lorsqu'elle vit vendre sous ses yeux son enfant, absolument comme vous pleurâtes, Mesdames, lorsque vous perdîtes votre enfant nouveau-né, comme vous pleureriez si l'on s'avisait de vous enlever votre fille. Le nègre Georges grinça des dents lorsqu'il apprit le sort de sa femme, avec autant de rage que vous, Messieurs, si votre femme était obligée de fuir pour sauver son honneur et sa vie. C'est ainsi que le livre de Mme Beecher Stowe fut la victoire des larmes. Traduite dans toutes les langues, *la Case de l'oncle Tom* sonna la cloche d'alarme qui devint bientôt le clairon du grand combat. Grand et terrible combat dans lequel les Etats du nord, où vont s'enrôler noblement des fils de France, imposent aux Etats du sud, après une lutte fratricide effroyablement sanglante, la grande charte de l'émancipation dont profitent six millions d'esclaves (1).

Le couronnement de cette grande œuvre pour toute l'Amérique, c'est le décret d'affranchissement des esclaves du Brésil, dont pourra s'honorer devant l'histoire son dernier empereur, mon illustre confrère de l'Institut, détrôné, comme a été assassiné le libérateur des serfs de la Russie, le czar Alexandre II, triste exemple qui apprend que ce n'est pas ici-bas qu'il faut chercher la récompense de ses bonnes actions.

Ce que la croix a fait pour le monde, ce qu'une femme a tant aidé à faire pour l'Amérique, c'est ce que va faire pour un autre continent, pour l'Afrique, un grand évêque aidé par un grand pape.

Le grand évêque, c'est le Cardinal Lavigerie. Il est né à Bayonne, sous le soleil des Pyrénées. Il sait, dès ses premières années, qu'à Dax, dans la même région, un autre enfant est né, il y a trois siècles qui, en trente ans, a conquis à la charité chrétienne la France de Louis XIII. Il a appris que Saint Vincent de Paul, enlevé par des pirates barbaresques et vendu à Tunis, avait été lui-même esclave, et avait partagé le sort de tant d'infortunés voués aux horreurs de la servitude. Ce qu'avait tenté Saint Vincent de Paul en consacrant une partie de ses enfants, les premiers Lazaristes, à porter des secours aux esclaves chrétiens de Tunis et d'Alger, le Cardinal Lavigerie l'a entrepris pour toute une race, celle des noirs d'Afrique. Après avoir commencé sa carrière ecclésiastique par les Ecoles d'Orient, dont il a été le premier fondateur, il se voue pour toute la race nègre à l'apostolat de la délivrance.

C'est lui qui, sans plier sous le poids de la tâche, va porter partout, de Paris à Londres, de Londres à Bruxelles, de Bruxelles à Rome, son ardente parole si puissante pour la persuasion et pour le commandement qu'il fait entendre dans la chaire chrétienne au nom de la France sa patrie et de l'Eglise sa mère. Joignant à l'archevêché d'Alger et de Carthage l'évêché de Tunis, assisté par

---

(1) Déclaration des ministres des Etats-Unis à la Conférence de Berlin. *Documents sur la fondation de l'Œuvre antiesclavagiste*, par le Cardinal Lavigerie, page 665.

le coopérateur le plus fidèle et le plus dévoué, Mgr Brincat, il a retrouvé à Tunis les souvenirs de saint Louis mourant, et il reprend l'héritage de la dernière croisade pour aller la prêcher à l'Europe attentive et émue.

Par l'ordre de qui la prêche-t-il, aux catholiques comme aux protestants, aux croyants aussi bien qu'aux incrédules, aux chefs d'Etat aussi bien qu'aux femmes? Par l'ordre de Léon XIII qui, du haut de la chaire de Saint-Pierre, fidèle aux traditions de ses prédécesseurs, prononce contre l'esclavage, dans l'une de ses plus mémorables encycliques (1), une dernière condamnation, et remet avec tous ses encouragements, à celui qui peut le mieux la faire réussir, la direction de ce que le Saint-Père appelle l'œuvre sublime de la rédemption des noirs.

Qui lui fait cortège? Tous les évêques de France, et, au milieu des lettres qu'ils lui adressent, comment ne citerai-je pas, avec les éloges qu'elle mérite, celle qui résume si bien toutes les autres et répond si complètement à toutes vos pensées? La vôtre, Monseigneur, dont Votre Grandeur ne me saura pas mauvais gré de lire et de faire applaudir la conclusion (2) : « Quoi qu'il arrive, un fait » incontestable est désormais acquis à l'histoire, c'est que, dans ce » siècle si agité et si divisé, l'Eglise, toujours inspirée par l'esprit de » l'Evangile et toujours fidèle à ses enseignements, a plaidé une » fois de plus, par la voix de son auguste chef, de ses évêques » et de ses missionnaires, la cause sacrée de la civilisation et de la » vraie liberté. Ce sera l'éternel honneur du catholicisme d'avoir » constamment protesté avec énergie et indépendance contre tous » les scandales et contre toutes les iniquités qui trop souvent, hélas! » ont désolé la terre. » (*Bravos.*)

Avec ces scandales et ces iniquités, on croyait pourtant en avoir fini. Une fois l'Amérique délivrée de l'esclavage, une fois fermé le marché américain qu'alimentait l'Afrique, on croyait que l'Afrique, rendue à elle-même, n'avait plus rien à craindre d'elle-même, et l'on se décernait trop aisément un brevet de satisfaction.

L'Algérie conquise, deux cents lieues de côtes africaines mises sous la garde du drapeau français, la régence de Tunis placée sous notre protectorat, l'Égypte, qui avait longtemps relevé par des juri-

---

(1) 15 octobre 1888.
(2) *Documents sur la fondation de l'Œuvre antiesclavagiste*, page 567.

dictions communes de la France et de l'Angleterre, passée désormais sous la domination anglaise, les autres côtes de l'Afrique occupées en partie par les puissances européennes, en partie par les puissances musulmanes qui conservaient, il est vrai, l'esclavage, mais un esclavage adouci, ayant un caractère domestique et rendu plus ou moins tolérable, il semblait qu'il n'y eût plus rien à faire. Il restait, toutefois, une autre vaste Afrique, l'Afrique de l'intérieur. Mais elle était la grande inconnue, et l'on ne pouvait en avoir souci.

On s'inquiétait peu de ce qui s'y passait. Derrière les ombres presque impénétrables qui la couvraient avant les premiers explorateurs qui, il y a à peine vingt-cinq ans, ont commencé à la faire connaître, dont le plus admirable fut Livingstone, et le plus audacieux fut Stanley, on ne se doutait pas de la lente transformation qui s'y accomplissait.

Le mahométisme, avec cette persévérance qui ne s'est jamais lassée, envahissait peu à peu et sans bruit ces régions pleines de richesses ignorées, où vivait une population douce, heureuse, presque patriarcale, qui se croyait abritée par l'éloignement contre toute espèce d'incursions. Dans quelques-unes, il fondait des empires; d'autres territoires, il faisait sa proie. Mis à l'aise par l'Islam qui partage l'humanité en deux races bien distinctes, l'une, celle des croyants destinée à commander, l'autre, celle des maudits destinée à servir et dans laquelle les nègres tiennent le dernier rang, le rang même des animaux, les musulmans ont conformé leurs œuvres à leurs doctrines. Parvenus par les progrès de leur domination jusqu'au centre d'un continent peuplé de noirs et tentés par la cupidité, ils ont pris à leur service des bandes esclavagistes de métis, race horrible issue d'Arabes et de noirs du littoral, et ces bandes soumettent au régime de la dévastation les pays sur lesquels elles s'abattent. Ce n'est plus seulement la traite, c'est la chasse à l'homme qui y est organisée. Ce n'est plus seulement la chasse à l'homme, c'est la chasse aux populations de tout un continent, et ce qu'il y a jamais eu de pire dans l'esclavage y sévit dans toute son horreur.

La conquête de l'ivoire y a précédé la conquête de l'homme. L'ivoire y était d'une abondance extrême; on s'en servait jusque pour la clôture des jardins. Il ne suffisait pas de l'acheter à vil prix ou de s'en emparer par la force. Il fallait le transporter sur la côte. Pour le transporter, on trouvait l'homme de meilleur rendement que la bête. Pour avoir des porteurs, les traitants firent des esclaves. Mais tout s'épuise, et, quand l'ivoire est devenu rare, c'est le bétail humain qu'on a voulu prendre pour les marchés qui s'ouvrirent, et les grandes razzias commencèrent.

Les expéditions s'organisent comme on organise une guerre. Les pourvoyeurs d'esclaves avec leurs bandes soldées et armées surprennent les villages sans défense, ils mettent le feu aux huttes de paille, ils déchargent leurs armes sur les premiers qu'ils rencontrent et qui n'ont tout au plus à leur service que des flèches et des lances. La population éperdue commence à fuir dans les jungles, dans les futaies voisines ou les hautes herbes des vallées. Mais on sait comment s'y prendre pour rabattre ce gibier humain. Le grand moyen, c'est l'incendie. Tout ce qui n'est pas consumé par le feu ou suffoqué par la fumée sort de ces retraites pour tomber entre les mains des traqueurs.

La population de tout un village est ainsi prisonnière. Les vieillards sont massacrés; les hommes en état de servir, les femmes, les jeunes gens, les enfants enchaînés de force. C'est ainsi que les provinces les plus populeuses et les plus fertiles du continent africain sont l'une après l'autre réduites en solitudes désolées, où les ruines des habitations et les ossements des habitants témoignent seuls désormais que l'activité humaine, la paix et le travail ont été là. C'est, à courte échéance, la dépopulation complète de l'Afrique intérieure. Quatre cent mille noirs vendus chaque année, voilà, d'après les évaluations les moins élevées, ce que donne la traite, et pour chacun de ces quatre cent mille noirs vendus, au moins quatre à cinq noirs tués ou condamnés à mourir, c'est-à-dire au moins un million et demi à deux millions de créatures humaines sacrifiées, voilà les hécatombes des victimes, voilà les flots de sang humain qui coulent. (*Mouvements.*)

En effet, indépendamment de ceux qu'on tue sur place, il y a ceux qui meurent ou ceux dont on se débarrasse en route, dans ces horribles caravanes où semble déborder la coupe des misères et des tourments dont l'humanité peut avoir à souffrir. Le premier souci des marchands d'esclaves, une fois qu'ils tiennent leurs captifs, c'est d'empêcher qu'ils ne fuient; le second, c'est de les forcer à marcher jusqu'aux stations où ils pourront les vendre. Pour les forcer de marcher, on a la lanière de cuir qui les déchire de coups, s'ils n'avancent pas ou s'ils tombent sur la route. Pour les empêcher de fuir, on leur lie les mains derrière le dos, quand on ne les surcharge pas de fardeaux, et on les attache les uns aux autres, quelquefois par les oreilles, plus souvent par le cou, en les accouplant sous une sorte de longue cangue à compartiments, qui prolonge comme autant d'anneaux d'une même chaîne.

Quant aux femmes, si elles ne sont pas attachées les unes aux autres, elles ont également les mains liées, et également aussi le fardeau à porter. A leurs mains liées on attache leurs enfants qu'elles traînent à leur suite. Si l'enfant ne peut encore marcher, on en surcharge le fardeau. Mais malheur à la femme, quand elle ne peut porter ce double poids ! Si elle y succombe, et si la lanière de cuir ne peut plus la faire avancer sous les coups, on a vu des conducteurs de caravanes, monstres à figure humaine, venir leur arracher l'enfant, le saisir par le pied et lui briser la tête contre un arbre ou sur les pierres du chemin. « Marche à présent », disait l'un d'eux à la mère folle de douleur, « ce n'est plus trop lourd. » (1)

Quelles étapes que celles de ces lamentables caravanes à peine nourries de quelques poignées de sorgho, semant leur marche des cadavres de ceux qui ne peuvent la continuer, et qu'on abat en route ou à la halte du soir avec un coup de barre de fer sur la nuque pour épargner la poudre, pendant qu'auprès des morts, leurs compagnons détachés les uns des autres pendant la nuit, mais avec leurs jambes étroitement serrées dans de longues traverses, sont obligés, sans pouvoir faire aucun mouvement, de manger et de dormir ! Quel sommeil ! Parmi les jeunes nègres arrachés par les missionnaires à cet enfer et rendus à la liberté, il y en a qui pendant quelque temps se réveillent chaque nuit, en poussant des cris affreux; ils rêvent dans des cauchemars lugubres les scènes auxquelles ils ont assisté, et dont ils ont failli être les victimes (2).

C'est ainsi que l'on marche quelquefois pendant des mois entiers, quand l'expédition a été lointaine, et quand elle doit se continuer jusqu'à la côte. La caravane diminue chaque jour. Si parfois, pour essayer de se dérober aux maux extrêmes qu'ils endurent, quelques-uns des captifs refusent ou paraissent refuser de marcher ou essaient de fuir, leurs maîtres féroces leur tranchent les nerfs des bras et des jambes à coups de sabre et de couteaux, et les

---

(1) *Documents sur la fondation de l'Œuvre antiesclavagiste*, page 282.
(2) *Ibid.* page 55.

abandonnent sur la route pour y mourir de faim ou y être dévorés par les carnassiers qui suivent les caravanes. Aussi a-t-on pu dire avec vérité que, si l'on perdait la route qui conduit de l'Afrique équatoriale aux villes où se vendent les esclaves, on pourrait la retrouver aisément par les restes humains qui la bordent et la jalonnent.

Voici ce qu'écrit auprès d'un des principaux marchés l'un de ceux qui rendent témoignage de ce qu'ils y ont vu : « La ville d'Oujiji, auprès du lac Tanganika, venait d'être inondée par des caravanes d'esclaves. Les esclaves étaient tellement exténués, qu'ils n'étaient plus enchaînés, parce qu'ils auraient été hors d'état de se sauver. Beaucoup, couchés dans les rues ou à côté de la maison de leur maître qui ne leur donnait plus de nourriture, parce qu'il prévoyait leur mort prochaine, attendaient la fin de leur misérable existence. La voirie où sont jetés tous leurs cadavres était proche. Les hyènes, très abondantes dans la région, se chargent ordinairement de les faire disparaître. Mais, cette année, le nombre des morts est si considérable qu'elles ne peuvent y suffire : elles se sont dégoûtées de la chair humaine. » (1) (*Mouvements.*)

Bienheureux pourtant ceux qui servent ainsi de pâture aux fauves avant d'être vendus ! La vente achève et complète le supplice des esclaves d'Afrique. Elle est alimentée, même sur les côtes de la Méditerranée, par les marchés musulmans plus ou moins clandestins, mais qui sont publics dans le Maroc, et que le Soudan à travers le Sahara pourvoit de la cargaison humaine. C'est de ces marchés, surtout de la Tripolitaine, que se font plus ou moins subrepticement, malgré les croisières, avec la complicité des autorités turques, les exportations pour l'Arabie, la Perse, la Turquie d'Asie et même pour la Turquie d'Europe, qui ne peuvent se passer d'esclaves, surtout pour leurs harems de plus en plus dépourvus d'esclaves blanches. C'est là qu'il faut suivre, soit dans le Maroc, ce hideux établissement de préparation des eunuques qui coûte la vie à vingt-huit enfants sur trente, soit sur la mer Rouge, ces boutres arabes où les esclaves, entassés les uns sur les autres, souvent liés dans des voiles ou dans des sacs pour être mieux dissimulés, et les vivants restant attachés aux morts, achèvent de boire le dernier calice de leur agonie.

---

(1) *Documents sur la fondation de l'Œuvre antiesclavagiste*, pages 106, 133 et 205.

Le vaste marché d'approvisionnement de l'esclavage pour l'Afrique intérieure, surtout depuis que les ports d'embarquement sont surveillés de près à Zanzibar, c'est le marché des grands lacs. Les nègres captifs y sont exposés en vente comme un bétail. On inspecte tous les membres de leurs corps pour s'assurer des services qu'on peut en attendre. On discute leur prix devant eux comme celui d'une bête de somme. On a facilement, quand la denrée abonde, soit deux esclaves pour quinze kilogrammes de sel, soit plusieurs femmes pour une chèvre. Rien n'est plus respecté, ni les liens du sang, car on sépare sans pitié le père, la mère, les enfants, ni rien de ce qui touche à la pudeur, car les esclaves en vente doivent se soumettre aux plus honteuses exigences, et ils sont voués, surtout les femmes et les enfants, aux plus dégradantes et aux plus abjectes débauches. Enfin, leur vie est à la merci de ceux qui les achètent et qui en font souvent les victimes de toutes leurs cruautés.

« J'ai tué cinq de mes femmes pendant la nuit, » dit un roitelet de Bukumbi, sans même paraître croire que cette tuerie pût être extraordinaire. A la cour du roi de l'Ouganda, où se trouvent mille à douze cents femmes, « il ne se passe pas de jour », écrit un témoin oculaire, « sans que j'aie vu conduire à la mort, quelquefois une, quelquefois deux, et jusqu'à trois de ces malheureuses femmes qui composent le harem royal, une corde roulée autour du poignet, traînées, malgré leurs cris déchirants, par les gardes du palais qui les mènent à l'abattoir. » (1) Ailleurs, c'est un chef qui, pour faire honneur à un missionnaire et l'engager à se fixer auprès de lui, lui promettait de faire brûler devant sa hutte huit de ses femmes esclaves, et il s'étonnait de l'indignation du prêtre à une pareille proposition, tant elle lui paraissait naturelle (2).

Il n'y a pas que pour les femmes que se manifeste ce mépris odieux de la vie. Sur les terres du Congo belge, un chef arabe étant mort, vingt de ses esclaves étaient enterrés vivants avec leur maître, et personne ne s'en montrait ému, parce que c'était l'usage du pays. Un roi, Wemba, appelé ainsi du nom de son territoire, près du lac Tanganika, est amateur de musique autant qu'il est amateur de sang. Sa musique principale, ce sont les tambours. Mais il trouve

---

(1) *Documents sur la fondation de l'Œuvre antiesclavagiste*, pages 80, 110, 111.
(2) *Ibid.*, p. 111.

les baguettes en bois trop dures pour les oreilles, et, afin d'être charmé par des sons plus doux, il en a voulu de nouvelles. Pour se les procurer, il a fait couper les mains des esclaves destinés à cet abominable orchestre, afin qu'ils battent leurs instruments avec leurs moignons (1). (*Mouvements.*)

Faut-il ajouter à ces affreux récits les sacrifices humains, les égorgements, les boucheries et les hécatombes du roi de Dahomey, auquel c'est l'un des vôtres, le père Dorgère, qui, après avoir failli être sa victime, a été porter le traité de paix qu'il lui a fait conclure, afin de nous éviter une nouvelle guerre coloniale? Assez de sang et de larmes, n'est-ce pas, assez de souffrances, assez d'opprobres et d'infamies, assez d'insultes à la civilisation, à tous les principes dont vit le monde chrétien, et dont le dix-neuvième siècle ne peut laisser plus longtemps faire litière. (*Applaudissements.*)

Pour en finir avec ces violences, ces cruautés et toutes ces horreurs, il fallait commencer par les connaître et les faire connaître. C'est l'œuvre qu'ont remplie non seulement les grands explorateurs de l'Afrique, mais aussi les missionnaires. C'est presque comme tel qu'on peut saluer celui qui fut en tout cas l'un des bienfaiteurs de l'humanité, Livingstone, ce grand ami des noirs, à qui l'Angleterre a accordé la sépulture de ses grands hommes, celle de Westminster. « Je ne peux rien de plus, » écrivait-il, en faisant son testament dans les solitudes d'Afrique où il allait mourir, « que de souhaiter que les bénédictions les plus abondantes de Dieu descendent sur tous ceux, quels qu'ils soient, qui contribueront à faire disparaître de ce monde la plaie affreuse de l'esclavage. » (2)

Ceux qui peuvent le mieux contribuer à la faire disparaître, parce qu'ils se sont voués en même temps à la faire connaître et à la guérir, sont non seulement les Lazaristes et les Pères du Saint-Esprit, habitués depuis longtemps aux œuvres de mission, et qui en sont comme les glorieux vétérans, mais aussi ceux qui en sont comme la nouvelle garde, ces Pères blancs sortis du séminaire de Kouba, et dont le Cardinal Lavigerie a fait ses fils. Les Pères blancs se sont liés par des serments qui les obligent à vivre de la vie des indigènes, et à souffrir pour eux jusqu'à la mort. Ils n'étaient que trois en commençant; ils sont aujourd'hui trois cents. Cent

---

(1) *Documents sur la fondation de l'Œuvre antiesclavagiste*, page 142.
(2) *Ibid.*, p. 87.

sont morts, les plus glorieux. Parmi eux, onze ont versé leur sang par le martyre; les autres ont succombé au climat, aux maladies, aux privations, aux fatigues. Mais ils n'en ont pas moins pénétré jusqu'aux plus lointains parages pour s'y fixer. Avec Mgr Livinhac, devenu par son zèle, son courage et ses vertus le premier auxiliaire du Cardinal Lavigerie, les Pères blancs ont été les pionniers de la foi. Après toutes sortes de persécutions, qui, à l'honneur de la race noire, rappellent celles des premiers martyrs, ils viennent de conquérir au christianisme un royaume de trois millions d'habitants, celui de l'Ouganda, dont ils peuvent faire le poste avancé de la régénération du continent africain.

« Oh! que nous nous servons mal de notre admiration et de notre reconnaissance », disait naguère, en parlant des missionnaires, un grand orateur qui n'est pas un orateur catholique, mais qui saluait des accents de son éloquence émue « ces âmes généreuses, ces âmes compatissantes, celles qui, disait-il si bien, sont remplies d'éternité (1). »

A côté des missionnaires, il y a d'autres dévouements que le grand fondateur de l'Œuvre antiesclavagiste a suscités, c'est le dévouement des volontaires qui se sont enrôlés à son appel, et dont l'enrôlement n'est pas aussi chimérique qu'on se plaît à le dire. C'est qu'il ne s'agit pas de faire des conquêtes; c'est qu'il ne s'agit pas davantage de donner aux missionnaires une escorte armée. Non, les missionnaires ne veulent même pas se défendre. Ils vont, la poitrine découverte, et, quand il faut du sang pour propager la foi, ce n'est pas le sang des autres qu'ils versent ou font verser, c'est leur sang qu'ils donnent. (*Bravos.*) Mais ce qu'on demande et ce qu'on peut demander aux volontaires, c'est la protection des Communautés chrétiennes qu'on ne peut laisser sans défense, et auxquelles il faut donner des armes en même temps qu'en apprendre le maniement. Ce qu'il faut surtout demander aux volontaires, c'est l'occupation de postes qui, en fermant certaines routes avec un petit nombre d'hommes munis des armes européennes et assistés de goums indigènes, barrent le passage aux caravanes des marchands d'esclaves, en ne leur permettant plus de continuer impunément leur odieux trafic.

---

(1) Conférence de M. Jules Simon à la Sorbonne, voir *Bulletin de la Société antiesclavagiste de France*, 25 février 1889.

A ce rôle s'est voué encore l'un des vôtres, l'ancien capitaine des zouaves pontificaux, Joubert, ce héros d'intrépidité et de vertu surhumaine, qui, depuis près de dix ans, affronte toutes les fatigues et tous les dangers de l'équateur africain, pour organiser, avec un budget de dix mille francs, une petite armée de noirs, et protéger ainsi par son courage les tribus dont il est le bienfaiteur et comme le patriarche. Avec le Père Dorgère, avec le capitaine Joubert, et aussi avec votre Evêque dans la croisade antiesclavagiste, vous catholiques de la région nantaise, vous êtes à la peine comme à l'honneur. (*Applaudissements.*)

Pour continuer et faire réussir cette croisade avec les volontaires et les missionnaires, il fallait des ressources dont les uns et les autres ne peuvent se passer, les volontaires pour leur armement et leur entretien, les missionnaires pour leurs œuvres de rachat, d'apostolat et d'assistance, pour leurs écoles ainsi que pour leurs hôpitaux, et il fallait encore compléter ces ressources pour suffire aux frais d'une indispensable publicité. Ces ressources, l'apostolat du Cardinal Lavigerie a su les trouver, en faisant partout appel à la charité chrétienne, qui aujourd'hui dans votre assemblée ne trouvera pas d'indifférents, quand votre offrande vous sera demandée. Elles ont été surtout alimentées par tout ce qu'ont donné les femmes de France et d'Europe, qui, mères et sœurs, ne pouvaient manquer de compatir aux souffrances des mères, des sœurs, des enfants de l'Afrique, et dont les comités de dames patronnesses ont provoqué partout les dons et les aumônes, en les rendant intarissables comme leurs cœurs.

C'est ainsi qu'au souffle du grand Primat d'Afrique, l'opinion publique, cette reine du monde, s'est émue et soulevée. Elle a fait parler la presse qui a servi d'écho aux voix plaintives de millions de captifs, et elle a fini par obliger les gouvernements à la suivre et à lui obéir, afin de ne pas laisser ce siècle, que nous appelons le siècle de la liberté, se clore pour tout un continent par l'oppression sanglante et l'extermination de toute une race de victimes.

Telle a été l'Œuvre commencée en 1885 par la conférence de Berlin, et complétée en 1890 par la conférence de Bruxelles.

L'Europe tournait enfin ses regards vers l'Afrique ; elle ne pouvait s'en désintéresser, et elle reconnaissait que la tâche de la sauver devait lui appartenir. Quand l'Afrique intérieure lui eut été révélée par la première exploration de Stanley, elle se montra disposée à en prendre possession au nom de la civilisation, et, au lieu de se la disputer, elle préféra s'en préparer le partage qui devait être réglé diplomatiquement par des accords successifs. Mais elle comprit en même temps que ce partage lui imposait des devoirs auxquels elle ne pouvait faillir. La conférence de Berlin ne se termina pas, sans que les puissances signataires, après être convenues de s'assurer la liberté réciproque du commerce dans le bassin du Congo, n'en eussent expressément exclu le trafic des esclaves, auquel elles résolurent d'appliquer les dispositions prohibitives de la traite par mer. L'Europe prenait ainsi la tutelle officieuse de l'Afrique; mais il restait à l'exercer, et la conférence de Bruxelles y pourvut.

C'était bien au roi des Belges, fondateur à ses frais de l'Etat du Congo, qu'il appartenait de la convoquer dans sa capitale, autorisé comme il l'était par tout ce qu'il avait fait depuis douze ans pour intéresser l'Europe au sort de l'Afrique. Mais d'où était parti le signal de la conférence de Bruxelles? C'était d'Angleterre. Et qui l'avait donné? Le Cardinal Lavigerie, dont l'entraînant discours prononcé à Londres le 31 juillet 1888 avait provoqué la motion faite par un autre prince de l'Église, le Cardinal Manning, pour demander au gouvernement anglais de ne pas laisser attendre plus longtemps l'exécution des mesures que les puissances s'étaient engagées à prendre, et pour lesquelles la conférence de Bruxelles fut convoquée. Comment ne pas reconnaître sous quelle inspiration elle s'est réunie, quand son Acte général, véritable code en faveur des noirs, qui ne comprend pas moins de sept chapitres, commence par l'invocation de Dieu tout-puissant, et quand son dernier et trente-troisième protocole se termine par l'hommage solennel rendu au pape Léon XIII, à qui toutes les puissances signataires demandent expressément « l'appui de sa parole et le concours des forces morales qui se groupent autour de l'Eglise catholique ». (*Applaudissements.*)

Cet hommage était le digne couronnement de toutes les mesures prises par la conférence de Bruxelles contre l'esclavage, sans qu'aucune ait été omise pour le succès de la grande œuvre à accomplir. Tout y est réglé pour l'organisation des services religieux aussi bien que militaires. Rien n'est oublié pour la répression de la traite sur mer, complétée par le règlement concernant l'usage du pavillon et la surveillance des croisières, et par la déclaration du droit d'asile pour tout esclave réfugié à bord d'un des navires de guerre d'une des puissances signataires. Tout est prévu pour la répression de la traite par terre. Cette répression est garantie soit par les peines de droit commun édictées contre l'attaque des villages, la chasse, la capture et le transport des esclaves, le rapt, les violences ou les mutilations, soit par la fermeture du passage dés caravanes d'esclaves au moyen de postes militaires, soit par l'interdiction des armes à feu et de la poudre, dans toutes les régions du trafic des esclaves, et par la force mise ainsi au service du bon droit.

Chaque puissance a désormais non seulement son territoire, mais encore sa sphère d'action dont la surveillance lui appartient, et l'Afrique européenne est bientôt constituée par tous les actes diplomatiques qui en font la répartition. La Belgique a commencé avec son Congo; l'Angleterre et l'Allemagne, bien partagées, ont main mise sur les régions orientales; l'Italie, sur l'antique Ethiopie; le Portugal, moins heureux, reste confiné dans ses anciennes possessions de l'ouest et de l'est; la France se fait reconnaître les vastes étendues qui, à travers le Sahara, relient l'Algérie et la Tunisie au Soudan et au Sénégal, et qui sont appelées à compléter ses domaines de la Méditerranée et de l'Océan, avec son protectorat reconnu sur Madagascar. Tel est le grand empire colonial dont nous pouvons aisément devenir et rester les maîtres, mais où nous ne devons pas oublier que nous avons charge d'âmes, et où la France prélude bien à son rôle par la loi qu'elle a fait décréter à Madagascar, aux termes de laquelle les esclaves qui désormais débarqueront dans l'île sont de plein droit affranchis de toute servitude.

La voilà donc fondée, grâce à l'Œuvre antiesclavagiste, cette grande ligue que déjà, au temps de l'esclavage colonial, Montesquieu appelait de ses vœux, en la nommant « la ligue de la miséricorde et de la pitié (1) ». C'est l'Europe tout entière qui s'y associe, parce qu'il n'y a pas pour elle que des hommes à face pâle, et que, pour elle, les nègres sont des hommes, étant des créatures de Dieu, à qui Dieu a donné la même âme qu'à nous. Au lieu de s'entre-déchirer dans des guerres sanglantes destinées à épuiser ses ressources et à moissonner ses soldats qui sont nos enfants sous l'impitoyable faux des combats, l'Europe n'a-t-elle pas mieux à faire en se rapprochant et en s'entr'aidant pour le succès d'une généreuse entreprise qui peut lui faire oublier ses antagonismes, ses divisions, ses querelles, ses haines, et finir par le salut de tout un continent?

---

(1) Montesquieu, *Esprit des lois*, livre xv.

Gesta Dei per Francos, disaient nos pères. Puisqu'il s'agit d'une nouvelle croisade qui a retrouvé son Pierre l'Ermite dans un cardinal français, et puisqu'elle peut bien être appelée l'œuvre, la plus grande œuvre d'un cardinal français, n'avons-nous pas le droit de dire : *Gesta Dei per Francum!* Puisse donc l'aurore du vingtième siècle, qui s'avance, se lever radieuse sur le continent noir, en y faisant tomber les dernières chaînes des derniers esclaves, avec l'aide puissante de la France et sous les plis des drapeaux de l'Europe, réunis et rapprochés par une commune victoire, celle de l'humanité et de la fraternité, qui permettra à nos descendants de saluer la divine rédemption de toute une race. (*Triple salve d'applaudissements. L'auditoire se lève pour prolonger ses acclamations à l'orateur.*)

LES FRÈRES DU SAHARA

DISCOURS

PRONONCÉ A BRUXELLES

A la réunion des Sociétés antiesclavagistes

29 avril 1891

Excellences (1),
Mesdames,
Messieurs,

Rien de plus flatteur assurément, mais en même temps rien de plus embarrassant que l'invitation d'avoir à parler dans une réunion telle que la vôtre.

L'avantage qu'on a dans les réunions ordinaires, on le perd ici. Dans les réunions ordinaires, sans en excepter les assemblées parlementaires, on ne parle, ou au moins on ne devrait parler que lorsqu'on en sait plus que l'auditoire qui vous écoute et lorsqu'on peut se flatter de lui apprendre ce qu'il ignore. Ici, au contraire, vous avez déjà entendu et vous savez de l'esclavage plus qu'on ne peut vous en dire. Dans la campagne antiesclavagiste, vous êtes les ouvriers de la première heure, et, à moins d'avoir vu de ses propres yeux les pays et les scènes de l'esclavage, à moins d'en avoir touché du doigt toutes les plaies, il semble qu'on soit venu

(1) Le Nonce du Saint-Siège, et les membres du corps diplomatique.

ici pour écouter beaucoup plus que pour parler. Néanmoins, je n'ai pas voulu me dérober à l'appel qui m'était adressé pour représenter au milieu de vous, à côté de Mgr Brincat que vous avez si justement apprécié et applaudi, les comités français de direction et de patronage où j'ai l'honneur de siéger avec plusieurs de mes confrères les plus éminents de l'Institut. Si j'ai fait choix des Frères du Sahara pour sujet de ce que j'ai à vous dire, c'est que j'ai obéi à une double pensée, celle de pouvoir ainsi rendre hommage au Roi des Belges, en invoquant la Conférence de Bruxelles, et celle de rendre également justice au Cardinal Lavigerie, en faisant connaître et apprécier sa dernière œuvre toute récente qui lui fait honneur autant qu'à la France. (*Applaudissements.*)

C'est, en effet, la Conférence de Bruxelles qui, avec tant d'autres bienfaits auxquels elle devra sa juste renommée, a permis l'organisation des Frères du Sahara, telle qu'elle vient d'être constituée, et lui a donné comme un passeport européen. Il appartenait bien justement au Roi des Belges, fondateur à ses frais de l'Etat indépendant du Congo, de convoquer cette Conférence dans sa capitale, autorisé comme il l'était par tout ce qu'il avait fait depuis seize ans pour intéresser l'Europe au sort de l'Afrique. Honneur à celui qui a été un précurseur et qui, dès 1876, faisait un premier appel aux savants et aux explorateurs, pour commencer l'entreprise à laquelle il a fini par associer l'Europe entière. En mettant tout en œuvre, comme il le disait lui-même, « pour ouvrir à la civilisation la seule partie du globe où elle n'avait pu pénétrer, afin de faire découvrir tout un monde inconnu, livré à la plus atroce barbarie », le Roi Léopold II a pris rang parmi les bienfaiteurs de l'humanité, et par sa généreuse initiative il a fait honneur à la Belgique tout entière. (*Applaudissements.*)

Aussi, est-ce à bon droit que la Conférence de Bruxelles a répondu à tout ce qu'il pouvait en attendre et en espérer. L'Acte général dans lequel elle a résumé ses longues délibérations est un véritable Code en faveur des Noirs, qui ne compte pas moins de sept chapitres destinés à mettre fin pour tout un continent à l'oppression sanglante et à l'extermination d'une race entière de victimes.

Cette race de victimes, c'est surtout dans les vastes régions voisines du Congo, c'est dans le Soudan, que la traite, la hideuse traite, va la chercher, lui fait la chasse, s'en empare comme d'un bétail humain, enchaînant et entraînant sous le poids des souffrances et des tortures les plus intolérables des populations entières, hommes, femmes, enfants, vers des marchés lointains, au risque de laisser la route jonchée de leurs cadavres et de leurs ossements. Le Soudan, avec ses populations si denses et si promptes à se reproduire, mais aujourd'hui si décimées, avec sa belle et opulente nature qui en fait un immense parc désormais dévasté, est devenu le lamentable théâtre de ces razzias sans cesse renaissantes qui aboutiraient bientôt à un complet dépeuplement.

Pour y mettre ordre, dès le Congrès de Berlin, prélude de la Conférence de Bruxelles, les puissances européennes ont été invitées à s'entendre pour s'ouvrir l'accès du Soudan, afin d'y assurer la liberté du commerce, « en excluant de ce commerce la saisie, le transit et la vente des esclaves », d'après les termes mêmes des déclarations échangées.

Cette entente a été réalisée entre elles par les différents actes diplomatiques successivement intervenus, qui leur ont fait conclure un partage pacifique, en constituant une nouvelle Afrique, une Afrique européenne. En effet, ce ne sont pas seulement des territoires qui leur ont été attribués, c'est une sphère d'action qui leur a été réservée, et dans cette sphère d'action aboutissant de part et d'autre au Soudan, la Conférence de Bruxelles a déterminé la surveillance qu'elles avaient à exercer et les obligations qu'elles avaient à remplir.

Pour arracher le Soudan à la barbarie, ou plutôt à la boucherie qui y sévit, en y accumulant tant de ruines et tant de misères, en y faisant couler tant de larmes et tant de sang, un assaut général lui est livré auquel il ne pourra pas longtemps résister. La Belgique y a fait la première sa large et bienfaisante trouée, avec l'Etat indépendant du Congo. L'Angleterre, à demi maîtresse de l'Egypte, et qui prétend s'ouvrir par l'Egypte la grande route du Cap, y entre en même temps du côté opposé, par le Niger. L'Allemagne, impatiente d'expansion coloniale, y vient par les grands lacs. L'Italie s'efforce d'y pénétrer par l'Abyssinie. Le Portugal, l'ancêtre des puissances européennes en Afrique, cantonné aujourd'hui sur les deux côtes orientale et occidentale, n'entend pas se mettre à l'écart de cette campagne.

Il restait à faire la part de la France, qui avait pu laisser à d'autres l'orient et le sud de l'Afrique, mais qui ne pouvait se dispenser de faire tenir compte de ses droits de grande puissance africaine, que lui donnent l'Algérie et la Tunisie, en même temps que le Sénégal et le Congo français. Pour rejoindre des possessions si éloignées les unes des autres et en faire un vaste empire d'un seul tenant, de la Méditerranée au golfe de Guinée, elle s'est fait reconnaître par l'accord anglo-français du 5 août 1890 son droit d'extension dans les solitudes arides du Sahara, en même temps que son droit d'entrée dans les régions occidentale et centrale du Soudan qu'elle se réserve ultérieurement d'occuper. Toutefois, pour s'assurer sa sphère d'action, il lui faut commencer par la libre traversée du Sahara, ce qui est pour elle une charge et un honneur plutôt qu'un profit immédiat, ainsi que s'y prête le caractère propre de son génie. En effet, le Sahara, cette muraille du désert africain, plus infranchissable assurément que celle de la Chine, ferme l'Afrique à l'Europe, en ne permettant d'y pénétrer que par les plus longs détours. Le Sahara est ainsi le plus sûr rempart de la traite africaine, en alimentant par d'horribles caravanes les marchés d'esclaves du Maroc et de la Tripolitaine, et, par la Tripolitaine, les marchés de l'Asie musulmane. Si la France doit se charger d'abattre cette barrière, la régénération de l'Afrique est une cause gagnée. (*Bravos.*)

Pour le succès de cette œuvre qu'il lui appartient d'entreprendre et d'accomplir, la France peut se féliciter avec orgueil de trouver le plus vaillant de ses auxiliaires dans celui qu'on peut bien appeler l'Africain, le nom dont Rome avait décoré Scipion, le vainqueur d'Annibal. Ce sont de plus belles victoires que celles de Scipion qui, dans la postérité, illustreront le nom du Primat d'Afrique, le Cardinal Lavigerie, et lui assigneront à côté du roi Léopold une place d'honneur dans le Panthéon de l'histoire, plus durable que tous les autres. (*Applaudissements.*)

Après avoir commencé sa carrière ecclésiastique par [illegible]oles d'Orient dont il a été le premier fondateur, devenu archevêque d'Alger, il s'est voué pour toute une race, la race des Noirs d'Afrique, à l'apostolat de la délivrance. Sans se laisser décourager par aucun obstacle et sans plier sous le poids des années, inaccessible à toute défaillance, il a été porter de Paris à Bruxelles, de Bruxelles à Londres, de Londres à Rome, son ardente et infatigable parole, si puissante pour la persuasion et pour le commandement. Vous l'avez vu ici avec son doux et fier visage de patriarche si bien encadré par son fez africain et sa pourpre rouge de cardinal. Vous avez entendu à Sainte-Gudule les accents de cette voix éloquente qui vient de son cœur d'apôtre. Joignant à l'archevêché d'Alger et de Carthage l'évêché de Tunis, assisté par le coopérateur le plus fidèle et le plus dévoué, Mgr Brincat, il a retrouvé à Tunis les souvenirs de saint Louis mourant, et il a repris l'héritage de la dernière croisade, pour aller la prêcher à l'Europe attentive et émue. (*Longs applaudissements.*)

La *Conférence de Bruxelles* lui a permis de considérer comme achevée la première partie de son œuvre, qui était assurément la plus hardie et la plus difficile. C'est à une seconde entreprise qu'il se voue aujourd'hui, en concentrant tous ses efforts sur les vastes territoires récemment attribués à la France. Abandonnant pour un temps tout le reste, il se consacre à cette nouvelle tâche, en donnant sa puissante initiative à la création et à l'organisation des Frères du Sahara.

Depuis longtemps, il avait pris les devants avec le Sahara. Il y a déjà vingt-trois ans, l'année même de son arrivée en Algérie, il avait voulu s'assurer son droit d'entrée dans ces régions impénétrables qui ressemblent à des régions perdues. Il avait recueilli les aspirations de notre armée pour la conquête si facile des territoires deux fois plus vastes que la France, qui s'étendent jusqu'au centre de l'Afrique, et dont l'Algérie met la porte ouverte entre nos mains. Aussi avait-il obtenu, dès 1868, que le Pape Pie IX répondît à son appel, en adjoignant à son diocèse d'Alger le vicariat apostolique des déserts du Sahara, pour le charger d'y exercer le seul ministère auquel il prétendît, le ministère de la charité. Il y a envoyé les uns après les autres ses missionnaires, les Pères blancs, moins encore pour la prédication de la foi chrétienne (dans laquelle avec le monde musulman il faut se garder de toute précipitation), que pour les œuvres de miséricorde, sous toutes les formes que la miséricorde leur inspire, guérison ou soulagement des malades, rachat des esclaves, en leur faisant ainsi prodiguer avec leur héroïsme habituel leur sang et leur vie. (*Applaudissements.*)

Il en a fait des messagers, au besoin martyrs désignés. Mais à ces messagers il a voulu ajouter ceux qu'il appelle si bien des pionniers, en complétant l'œuvre des Pères blancs par celle des Frères armés du Sahara.

Quelle résidence leur a-t-il choisie? Quelle désignation leur a-t-il donnée? Qu'attend-il de leur coopération? Voilà ce qu'il m'appartient de vous faire connaître.

C'est à Biskra, dans le sud du département de Constantine, et à l'entrée du Sahara, qu'il a construit leur première maison, dont il se propose de faire leur quartier général, auprès de l'habitation qui lui sert souvent de résidence. La position est bien choisie. Biskra commande l'une des grandes routes qui mènent dans le Sahara, au pays des principales tribus du désert africain, les Touaregs, et qui conduisent de là au Soudan. Située à cent onze mètres au-dessus du niveau de la mer, reliée directement par le chemin de fer au littoral, la ville de Biskra, l'ancienne capitale de la vieille tribu chrétienne des Zibans, et qui nous appartient depuis qu'elle a été occupée, le 4 mars 1844, par le duc d'Aumale, se divise en deux parties, la ville et l'oasis.

La ville proprement dite se compose d'une grande rue bordée de maisons européennes, sur laquelle s'embranchent quelques rues perpendiculaires. La population est cosmopolite; elle comprend des Français, des Tunisiens, des Marocains et des Arabes. L'oasis, qui s'étend sur une longueur de cinq kilomètres et sur une largeur d'un demi-kilomètre, est composée d'un bois de palmiers auquel se joignent des vergers d'oliviers, abricotiers, grenadiers. De ce bois et de ces vergers se détachent des maisons entourées de murs et séparées par de grands jardins.

Dans cette ville, moitié française et moitié arabe, placée aux confins de la civilisation européenne et de la barbarie africaine, sur la frontière du monde chrétien et du monde musulman, a eu lieu, le dimanche 5 avril 1891, l'inauguration de la première maison des Frères du Sahara. Entouré des autorités religieuses, civiles et militaires, le cardinal Lavigerie a béni cet établissement, avec l'orgueil bien légitime du viticulteur qui vient contempler la vendange de ses vignes.

La maison est toute blanche; elle est moins haute que les palmiers qui l'entourent; elle est construite en briques de terre mêlée de paille et séchée au soleil, ces briques dont il est question dès la plus haute antiquité dans la Bible, et que les Egyptiens forçaient les Israélites à leur pétrir. Sur la porte, le Cardinal a inscrit le nom qu'il avait toujours désiré lui donner, « Bit Allah » (Maison de Dieu). C'est ce que les Frères sauront en faire.

Ils y prépareront leur noviciat. D'abord, ils auront à s'y acclimater, parce que si l'on n'est pas habitué à un climat si différent du nôtre par la sécheresse de l'air et la chaleur brûlante du soleil, loin de pouvoir se livrer à un travail utile, on n'a qu'à attendre le dépérissement inévitable de la santé. Ensuite il leur faudra apprendre, au moins dans leurs éléments, les langues parlées dans le Sahara, afin de se mettre en communication de sentiments et de pensées avec les populations au milieu desquelles ils devront vivre. Ils auront en outre à faire l'apprentissage de la règle qui leur est imposée et qu'ils devront accepter. Cette règle, pour laquelle ils ne contracteront après leur noviciat que des vœux de cinq ans, ne les soumet pas à une vie exclusive de méditations et de prières. « Une semblable existence », écrit sagement le Cardinal (1), « n'est pas faite pour tous, et en particulier dans les temps où nous vivons, qui sont des temps d'agitation inquiète, de mouvement fébrile et perpétuel, ce n'est qu'à un très petit nombre qu'elle peut convenir. L'homme de notre temps a surtout besoin d'action extérieure. Mais il peut se sanctifier aussi bien par l'action que par la contemplation et par la prière, surtout quand l'action est vivifiée et purifiée par des vertus telles que le détachement des choses terrestres, l'amour du travail, la charité et le désir de procurer le bien des hommes ainsi que la gloire de Dieu. » Telle sera l'inspiration de la règle des Frères du Sahara.

---

(1) Lettre du Cardinal Lavigerie à MM. les volontaires sur l'Association des Frères armés du Sahara, 1891, p. 33.

Dans une fin de siècle comme celle du nôtre, trop souvent vieillie et désabusée, où la jouissance sous toutes les formes semble être le programme de la vie, le détachement des choses terrestres, avec le sacrifice de soi-même qui en résulte, leur est demandé comme premier signe de leur vocation à faire partie d'un ordre qui est et doit rester un ordre religieux.

Leur nourriture se composera exclusivement de ce qu'ils feront produire à la terre qu'ils cultiveront et de celle que leur donnera la chasse du gibier à laquelle ils auront à s'exercer. Après une période déterminée pour semer et pour récolter leur moisson, ils n'auront de pain que lorsqu'ils pourront se procurer du blé pour avoir de la farine. Dans le cas contraire, ils y suppléeront par des dattes sèches, comme le font les Sahariens. Leur tenue ordinaire se composera d'une sorte de sarrau serré à la taille et du casque blanc comme coiffure, pour les protéger contre les ardeurs du soleil. Leur habitation sera une cellule, avec un lit de camp pour ceux qui auront besoin de s'en servir. Autrement, les Frères coucheront tout habillés sur des nattes qui recouvriront un banc de maçonnerie établi autour des salles ou des dortoirs communs. Ils devront donc se résigner à vivre pauvres, sans amasser aucun pécule, sans toucher aucun traitement, sans recevoir aucune solde, se contentant du vêtement qui les couvre et des aliments qui soutiendront leur vie, avec la seule perspective d'être gardés gratuitement dans la maison jusqu'à leur mort, s'ils ne sont pas congédiés par leurs supérieurs, ou, s'ils se trouvent hors d'état de continuer leurs services, après l'expiration de leur premier engagement de cinq ans.

Leur vie sera une vie de privations, et elle devra être en même temps une vie de travail. Le travail qui leur sera demandé sera le travail persévérant de la colonisation, c'est-à-dire de la civilisation du Sahara. Il n'y a rien de chimérique ni de fantastique dans cette entreprise limitée à quelques oasis, et à celles qu'il s'agira de fertiliser pour les rendre habitables. Il faudra y construire les habitations destinées aux Frères et à tous les indigènes qui pourront venir se grouper autour d'eux. Il faudra en outre préparer les terres qui serviront à les faire vivre. Il sera donc nécessaire qu'un certain nombre de Frères, les Frères artisans, soient déjà formés ou se laissent former pendant le temps du noviciat aux travaux de maçons, charpentiers, menuisiers. Il faudra en outre que d'autres, les agriculteurs, se soient exercés à cultiver la terre.

Les emplacements qui devront être choisis pour cette culture seront ceux où l'eau aura été signalée sous le sol, à une faible profondeur, et trouvée assez abondante. La terre une fois préparée et l'eau une fois découverte, il faudra creuser des puits. On plantera et on sèmera ensuite les arbres et les graines dont l'expérience a déjà montré dans les oasis existantes la croissance assurée ou l'acclimatation facile, et l'on obtiendra ainsi, avec les moissons de nos champs, les fruits et les légumes de nos jardins. Dès qu'on aura pourvu aux premières exigences, on créera surtout ce qui doit donner la prospérité et l'aisance aux générations futures, ces palmeraies dont on a déjà sur certains points fait réussir merveilleusement la production et l'exploitation, et où les dattiers seront aussi nombreux que l'eau permettra d'en arroser.

La vie sera ainsi rendue à des régions qui l'ont connue autrefois, et dont le soleil et le sol, qui n'ont pas changé, assurent la résurrection. En effet, la vie agricole et pastorale, par conséquent paisible et féconde, a déjà existé dans le Sahara, aux temps les plus reculés. Des populations nombreuses y ont vécu; elles ont tiré parti de toutes les ressources du sol; elles ont eu l'abondance et les richesses. La preuve en est dans les restes qu'on trouve de toutes parts de cette vie disparue, dans les aqueducs souterrains faits pour relier entre eux les puits creusés de main d'homme et formant au-dessous du sol, à de faibles profondeurs, des rivières invisibles, dans les citernes destinées à emmagasiner les eaux et qui peuvent suffire à l'irrigation d'oasis tout entières, dans les ruines de cités aujourd'hui détruites.

Cette désolation du désert est l'œuvre de l'homme; c'est celle qui, d'après les témoignages des missionnaires et des explorateurs, a déjà commencé et s'achèverait bientôt, si l'on n'y mettait ordre, dans le Soudan dévasté à son tour et dépeuplé par les bandes esclavagistes. Elle vient des divisions irréconciliables et des luttes journalières des peuplades du Sahara, qui depuis des siècles leur ont rendu tout travail impossible. Du jour où la crainte d'agressions incessantes et inopinées n'a plus permis aux travailleurs de faire pousser des moissons qu'ils ne pouvaient plus recueillir, toute culture a dû forcément cesser; le travail cessant, tout a disparu; le brigandage est resté le seul moyen de vivre; le vol et le commerce de l'homme sont devenus dès lors la seule ressource de la région qui s'étend à travers le Sahara, du Soudan à la Méditerranée. Il faut donc rendre l'agriculture à ces populations nomades et leur montrer les bienfaits qu'elle leur vaudra, en les faisant entrer lentement, par les avantages extérieurs de notre civilisation, les seuls auxquels elles peuvent être sensibles, dans le courant du monde chrétien. (*Bravos.*)

La multiplication des oasis par les Frères du Sahara sera le premier instrument de cette bienfaisante régénération. En même temps que les oasis seront multipliées, elles seront en quelque sorte jalonnées, afin de servir de stations, pour ouvrir la route de la partie du Soudan que la France doit arracher aux cruautés et aux horreurs de l'esclavage. Après Biskra, Tougourt; après Tougourt, Ouargla; après Ouargla, et bien plus loin, Amguid, et ainsi d'étapes en étapes qui permettront aux Frères du Sahara de créer les lieux d'asile où ils seront destinés non seulement à une vie de travail, mais aussi à une vie de dévouement.

C'est en effet à l'œuvre antiesclavagiste qu'ils devront surtout coopérer. Ils auront à y coopérer, d'abord par l'hospitalité donnée aux esclaves fugitifs qui ont échappé à leurs caravanes ou à leurs maîtres, et à qui ils auront à préparer une installation et un travail suffisants pour leur assurer le pain quotidien, en les rendant ainsi à la vie et à la liberté. Cette hospitalité se complétera par les soins donnés non seulement aux esclaves fugitifs ou libérés lorsqu'ils seront malades, mais encore aux indigènes du Sahara avec lesquels il n'y aura pas de moyen plus puissant pour gagner leur confiance et leur cœur.

Il y aura donc, parmi les Frères, un groupe spécial, celui des infirmiers, en même temps que chaque maison sera pourvue d'un hôpital muni des principaux remèdes que réclameront les maladies du Sahara. Les infirmiers seront assistés par un médecin, et pour le recrutement de ces médecins, le Cardinal Lavigerie, dans sa sollicitude toujours en éveil, a fondé dans l'île de Malte, auprès de l'Université royale anglaise, une école dans laquelle les esclaves rachetés et délivrés par ses missionnaires apprennent l'art de guérir, et exerceront par leur ministère la plus favorable comme la plus efficace propagande en faveur des Frères du Sahara. « Voilà », écrit le Cardinal, « ce que je voudrais qu'on pût répéter « bientôt d'un bout à l'autre de ces déserts, et grâce à la rapidité « avec laquelle les nouvelles se répandent et surtout se fixent dans « les esprits, là où tout le reste est silence, on le répétera bientôt. « On dira qu'il existe dans le désert français une maison unique- « ment créée pour l'exercice de la charité envers les populations « sahariennes. Tout voyageur, se répétera-t-on de proche en « proche, a droit d'y recevoir gratuitement un abri, s'il ne peut « s'en procurer d'autre. Tout esclave fugitif y reprendra, non « seulement sa liberté, mais encore l'assurance d'un avenir de « travail et de paix. Tout malheureux atteint par l'une des ma- « ladies si cruelles qui sévissent dans ces régions y trouvera des « médecins, et, pour lui inspirer plus de confiance, ces médecins « seront de son propre sang, anciens esclaves rachetés par la pitié, « élevés par la charité dans une Université de l'Europe, formés à « l'art de guérir, mieux encore à l'amour de leurs semblables, et « parmi leurs semblables, à l'amour de ceux dont le même sang « coule dans leurs veines (1). » (*Applaudissements.*)

A cette vie de travail, à cette vie de dévouement devra s'ajouter celle qui coûtera le moins assurément aux Frères du Sahara, une vie de courage. Il y aura, en effet, la force à employer, non pour attaquer, disperser et soumettre, ce qui n'appartiendra qu'aux soldats de la France, quand ils devront être mis en action; mais il y aura la force à employer, seulement pour se défendre. En effet, si les lieux d'asile que les Frères auront créés doivent servir non seulement aux nomades, mais encore aux esclaves fugitifs, ils devront surexciter l'envie, la haine, les pensées de vengeance ou de fanatisme. De là à des tentatives de destruction et de massacre il n'y a qu'un pas, et l'on peut être assuré que par guet-

(1) Lettre du Cardinal Lavigerie à M. Keller, 1890, p. 40.

apens ou ouvertement, on en viendra à ces attentats, si ceux qui s'en feraient un jeu sanglant ne savent pas qu'on est prêt à les recevoir et à les repousser, sans qu'ils puissent compter sur l'impunité et le succès. (*Bravos.*)

Les Frères seront donc armés et spécialement exercés au maniement des armes, puisque les armes leur seront nécessaires pour protéger leur vie ainsi que celle des esclaves devenus leurs pupilles et mis sous leur garde. Ceux d'entre eux qui seront chargés de la chasse pour alimenter la communauté auront plus particulièrement cette destination militante; mais tous devront s'y être préparés. Ils auront donc leur tenue de combat. Ils porteront comme pièce principale la gandoura, avec la croix rouge de l'ancien ordre de Malte fièrement posée sur la poitrine, et le large burnous aux plis flottants; sur la tête un chapeau de paille à pointe et à bords très larges. Leurs maisons seront fortifiées et à l'abri d'une surprise. Leurs armes seront des fusils de premier calibre et à tir perfectionné. Leurs montures seront celles des chameaux du Sahara, dont ils auront à apprendre l'usage. Dans leur accoutrement, et sur leurs coursiers du désert, ils ressembleront ainsi aux Mages d'Orient peints par nos grands maîtres quand ils allaient, guidés par l'étoile mystérieuse, vers la crèche de Bethléem. Eux aussi vont à une autre étable, celle où gît l'humanité souffrante, conduits également par l'étoile lumineuse de la foi. (*Applaudissements.*)

Ils feront ainsi honneur à leur ordre, qui sera à la fois un ordre religieux et un ordre militaire. « *Ense et aratro* », disait le maréchal Bugeaud, en demandant que l'Algérie fût conquise à la fois par le glaive et par la charrue. Pour rétablir dans le Sahara la prospérité et la sécurité, la charrue et l'épée seront mises entre les mains des Frères du Sahara; mais, pour sanctifier la charrue et l'épée, ils auront également entre les mains la croix, et eux aussi, ils pourront répéter que c'est par ce signe qu'ils vaincront. (*Longs applaudissements.*)

Cinquante Frères environ par maison, tous au-dessous de trente-cinq ans, c'est-à-dire dans la force de l'âge, formant les quatre groupes des artisans, des agriculteurs, des infirmiers, des chasseurs, entre lesquels ils seront répartis par les supérieurs suivant leurs aptitudes, réunis sous l'autorité d'un commandant assisté de deux lieutenants, l'un chargé de la partie matérielle et agricole de l'œuvre, l'autre plus spécialement de tout ce qui tient à la partie militaire, telles seront ces communautés naissantes.

Les vocations ne manqueront pas. Les demandes sont déjà parvenues en grand nombre. Toutefois, si la porte doit être largement ouverte pour sortir, elle doit rester étroite pour entrer. Il y aura donc beaucoup plus d'appelés que d'élus. Postulants pendant trois mois qui leur laissent leur pleine liberté, novices pendant un an, les Frères du Sahara ne peuvent être admis qu'après ces deux épreuves à prendre leur engagement pour lequel il leur faut la majorité de tous les membres de la communauté, de telle sorte que, l'œuvre venant à peine d'être fondée et ne remontant qu'au mois de janvier de l'année 1891, ce ne sont que les premiers novices, ayant presque pris les devants pour répondre à l'appel, qui viennent de recevoir à Biskra la bénédiction et l'investiture du Cardinal Lavigerie. Ils étaient douze comme les douze apôtres, douze formant une élite, et parmi eux plus d'un, paraît-il, est de ceux qui ont reçu la grande blessure de la vie, en portant au cœur la cicatrice inguérissable d'un amour perdu. (*Bravos.*)

C'est encore avec un plus petit nombre qu'avaient commencé les missionnaires que le Cardinal Lavigerie aime à appeler ses enfants. Les Pères Blancs étaient trois au début. Mais c'est la gloire de la nature humaine que la contagion du mal ait comme contre-partie la sainte poussée du bien et de l'héroïsme : ils sont maintenant plus de trois cents. Sans compter avec les obstacles et les épreuves de tout genre, ni avec la mort des martyrs, ils ont pénétré jusqu'aux plus lointains parages de l'Afrique pour s'y fixer, et ils ont couronné leur œuvre par la conversion au christianisme d'un royaume de trois millions d'habitants, celui de l'Ouganda, dont ils ont fait en plein Soudan le poste avancé de la régénération du continent africain. (*Bravos.*)

Les Frères du Sahara, malgré les armes qui leur seront remises pour se défendre, auront besoin du même dévouement pour affronter à la fois toutes les fatigues et tous les périls. Dans aucun lieu du monde plus que dans le Sahara, les ardeurs du soleil, la stérilité apparente de la terre, la privation d'eau, au moins au niveau du sol, la barbarie sauvage, les horreurs d'un esclavage séculaire n'ont accumulé plus d'obstacles. Mais ce ne sont pas les obstacles qui arrêteront les Frères pour ouvrir l'accès de ce noir continent que le Sahara semblait destiné à fermer. Leur abnégation, leur patience, leur charité et leur courage les rendront invincibles. Ils pourront être méconnus et outragés. On a bien osé les traiter de « décavés ». Heureux le temps et les pays auxquels de pareils décavés ne manqueraient pas! Ils n'ont rien à attendre des récompenses terrestres; ils regardent plus loin et ils regardent plus haut.

Ils n'ignorent pas le passé, et, même au point de vue humain, ils ont confiance dans l'avenir. Le passé ne leur apprend-il pas qu'après l'invasion et la destruction du monde romain, ce sont les moines d'Occident qui ont rendu à la culture l'Europe dévastée, quand elle était menacée de retourner à l'état sauvage? Au sixième siècle, les moines d'Occident n'ont-ils pas défriché la Gaule, quand elle était en partie un Sahara boisé, bien autrement impénétrable que le Sahara africain, avec ses forêts, telles qu'on les revoit à peine en Amérique, et telles qu'on les retrouve seulement dans celles d'Afrique que Stanley a traversées, pour nous en laisser l'homérique odyssée? En partageant, selon la règle de saint Benoît, leur vie de chaque jour entre la prière et le travail, n'ont-ils pas ramené dans toute l'Europe l'assainissement, la fertilité et la vie? N'est-ce pas autour de leurs monastères que les populations, réduites par les malheurs et les misères du temps à une existence fugitive et nomade, se groupaient peu à peu, pour chercher et trouver le bien-être et la sécurité, en même temps que tous les secours de la charité et de l'assistance? Ne se voyaient-ils pas ainsi entourés d'une double famille, celle de leurs disciples et de leurs clients, pâtres et laboureurs, la communauté monastique avec ses cloîtres, et la communauté rustique avec ses chaumières et ses villages naissants? (*Bravos.*)

Qu'avaient-ils pourtant à leur disposition pour cette conquête pacifique de la nature rebelle et ingrate? Aujourd'hui, pour pénétrer dans les solitudes ou dans les profondeurs de l'Afrique, l'homme moderne est pourvu de toutes les inventions de l'industrie et de la mécanique, soutenu par la certitude du succès et comme poussé par la force irrésistible de la civilisation qui lui vient en aide; mais alors toutes ces ressources manquaient aux moines qui abordaient sans armes et avec des outils primitifs les profondeurs sylvestres. Ils sortaient d'un vieux monde ravagé, décrépit, impuissant, pour se plonger dans l'inconnu. Les voilà néanmoins, ces hardis pionniers, les ancêtres des Frères du Sahara d'aujourd'hui, qui entament par mille coins à la fois tout ce monde de la nature sauvage et brute. Ils s'enfoncent dans les ténèbres pour y porter avec eux la lumière, et il leur suffit de leur foi invincible et sereine, pour frayer un chemin à tous les bienfaits de la culture, du travail et de la civilisation chrétienne (1). (*Applaudissements.*)

Ces enseignements du passé se renouvelleront pour l'avenir. Ce que les moines du sixième siècle ont fait pour l'Europe, peu à peu, avec le dix-neuvième siècle qui finit et le vingtième siècle qui commence, les Frères du Sahara pourront le faire en Afrique, et ils le feront en même temps pour la France. Ils seront en effet les auxiliaires pacifiques de cette grandiose traversée du désert, d'où dépendent la régénération de l'Afrique et la constitution de notre empire africain. La France trouvera en eux une réserve pour les entreprises diverses du commerce et de l'industrie qui seront indispensables à ce vaste parcours de cinq cents lieues. Ils auront ouvert la route et montré que la route peut être aussi bien ouverte à une colonne militaire qu'aux rails d'un chemin de fer. Pour se rendre maîtresse du Sahara, et pour pénétrer par la voie la plus sûre comme la plus rapide à ses possessions du Sénégal aussi bien qu'aux régions du Soudan qu'elle doit s'approprier à son profit comme au profit de l'humanité, la France n'a qu'à vouloir. Pour accomplir cette grande œuvre, elle profitera dans la plus large mesure du concours des Frères du Sahara; ils seront ses initiateurs et ses guides. (*Bravos.*)

Ce n'est donc pas seulement à une vocation de religion et d'humanité, c'est également à une vocation patriotique, que les

---

(1) Voir, de Montalembert, *Les moines d'Occident*, t. II, p. 339.

Frères du Sahara obéiront, quand ils répondront à l'appel du Cardinal Lavigerie. En faisant campagne contre la barbarie et la servitude pour l'affranchissement et la délivrance des esclaves d'Afrique, ils renouvelleront les ardeurs de leur jeunesse pour s'unir encore au drapeau qu'ils auront autrefois servi. Puisque nous Français, nous pouvons nous glorifier ici pour la France, qu'elle ait donné à la Belgique pour le Congo un modeste héros tel que le capitaine Joubert, notre compatriote, comment ne nous glorifierions-nous pas également de la dernière œuvre du Cardinal Lavigerie? A chaque escouade de Frères qui partira pour le Sahara, nous Français, nous aurons le droit de dire à tous : *Saluez, c'est l'avant-garde de la France qui passe!* (*Longs et enthousiastes applaudissements.*)

SAINT-CLOUD. — IMPRIMERIE BELIN FRÈRES.

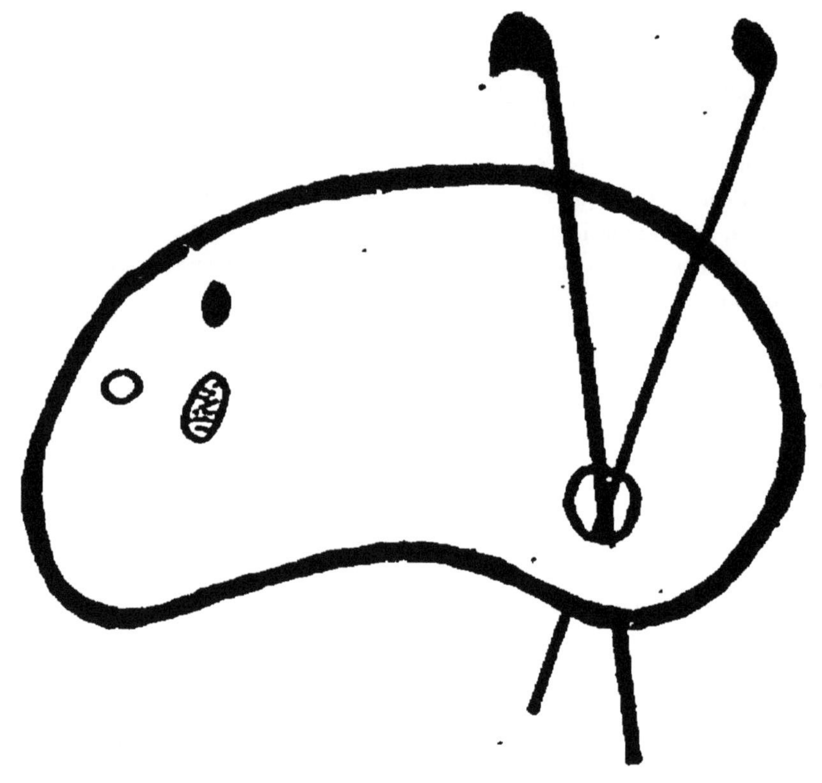

ORIGINAL EN COULEUR
NF Z 43-120-8

www.ingramcontent.com/pod-product-compliance
Ingram Content Group UK Ltd.
Pitfield, Milton Keynes, MK11 3LW, UK
UKHW021212230726
13926UKWH00001B/483

9 782014 439205